Victor Wittner

Klüfte / Klagen / Klärungen

Victor Wittner

Klüfte / Klagen / Klärungen

Gedichte

herausgegeben und mit einem Nachwort
von Anca-Elisabeta Turcu

Rimbaud

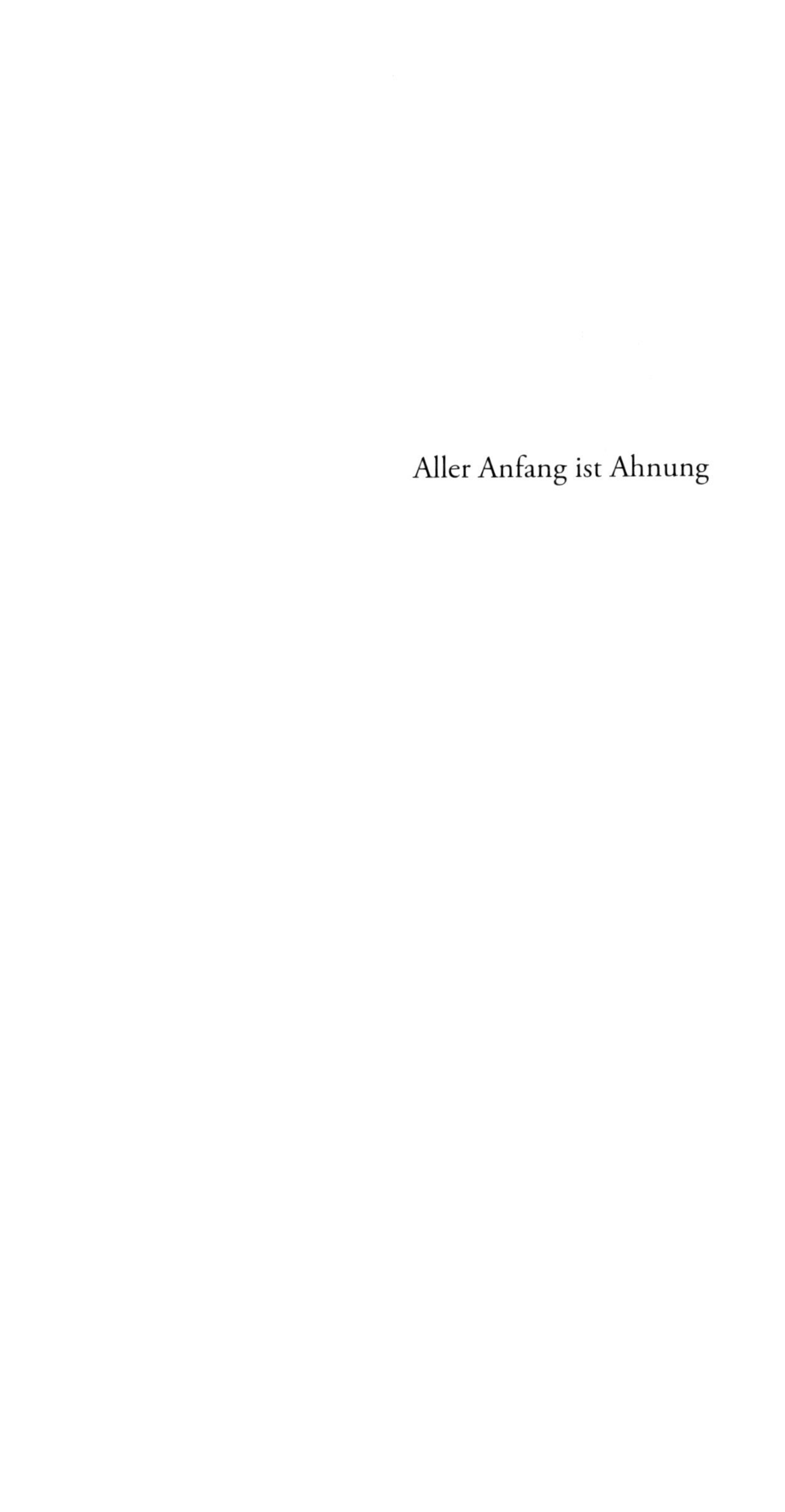

Aller Anfang ist Ahnung

Gewitterschwüle

Bienen summen, brummen, schaukeln
sich auf früchteschweren Blüten,
und die vollen Ähren beugen
müde ihre Häupter.

Stille sonst. Nichts rührt und regt sich.
Schwüle lastet in der weiten,
einsamen Natur. Die Sonne
scheint so heiß hernieder …

Dort am fernen Horizonte
zeigt sich drohend eine Wolke,
und es geht ein Hauch der Hoffnung
durch die dürren Felder …

Nun der goldne Ball verdunkelt:
Wolken kommen, Wolken gehen.
Sehnsuchtsbang liegt Feld und Wiese,
doch schon naht Erlösung.

Und es zittern leis' die Blüten
in verhaltener Erwartung:
ferne rollt ein Donner kündend
bange das Gewitter …

Garten in der Dämmerung

Im Westen glimmt zu End' des Himmels Feuer,
die Sonne sinkt. – Nun hat die Königin Nacht
die Dämmerung herabgesandt zur Wacht;
sie breitet ihren dünnen, grauen Schleier
über Stadt und Haus und Garten sacht.

Ein einziges Geheimnis ist der Garten:
Kein Hauch. Kein Vogelruf. Ringsum nur Schweigen.
Doch manchmal summt's wie von gedämpften Geigen.
Die Bäume stumm und bang die Nacht erwarten …
Es tanzt der müde Tag den Todesreigen …

Die Schatten reichen sich die schmalen Hände
und gehen mählich, mählich ineinand',
verschwistern sich zu e i n e m dunklen Band.
Die Nacht, sie wartet, daß der Tag verende …
Und hüllt den Garten ein in ihr Gewand.

Am Abend

Der Abend steigt vom Himmel nieder
und drückt dem Tag die Augen zu …
Der Tag ist tot. – Rings Trauerdunkel
und Trauerruh.

Wir atmen auf und atmen tief:
Die Lasten sind von uns genommen,
die uns beschwert den ganzen Tag.
Die Wünsche kommen.

Die Wünsche, sie sind groß und schön,
wir haben Muße jetzt zu träumen;
man drängt uns nicht, wir haben nichts
jetzt zu versäumen.

Wir sitzen still und reden nicht,
ein jeder will sich etwas denken …
O käme plötzlich jetzt das Glück,
um alle Menschen zu beschenken! – –

Abend und Morgen

Kommt der Abend, legt sich sanft und stille
über die schlaftrunkne, müde Welt,
fühl' ich freudig: neu erstarkt mein Wille.
Wenn der Raum geheimnisvoll sich hellt,
überfällt mich eine schwere Fülle
neuer Pläne, und die enge Hülle
aller öden Wirklichkeit zerfällt,
die am Tage sie im Banne hält.

Lieg' ich dann gedankenschwer im Bette,
fühl' ich mich im Dunkel tief geborgen,
spinn' ich fort der schönen Wünsche Kette
und ich ruf' mir zu: Ja, morgen! Morgen! …
Kommt der Morgen aber, ruft die Stätte
alter Arbeit; und wie eine Klette
klebt an mir der Alltag und die Sorgen …
Ach, wo soll ich Mut zum Leben borgen? – –

Wunsch

In Räume möcht' ich stürzen, ohne Ende,
ohn' Dach und Boden, ohne enge Wände,
und gleiten durch des Weltenraumes Kluft!
Hinab, hinab in ungeahnte Tiefen,
wo Sphärengeigen lockend nach mir riefen,
und mich umfinge wundersamer Duft ...

Losreißen möcht' ich mich von dieser Erde,
daß frei und rein und sorgenlos ich werde
und leichtbeflügelt wie der Frühlingswind!
Daß nicht der trübe Alltag mich gefangen,
geknechtet hielte: dies ist mein Verlangen! –
... Ob ich den Weg wohl einmal, einmal find'?

Wie viele Menschen harren …

Wie wunderbar ist diese Nacht!
Ich stehe unterm Sternenzelt
und staune an die stumme Pracht
und tiefe Schönheit dieser Welt.
Ich will solange warten,
bis von dem Himmelsgarten
zu uns herab ein goldnes Sternlein fällt.

Ich stehe unterm Sternenzelt
und bin von Licht ganz trunken.
Ich atme tief den Hauch der Welt …
Ein Sternlein ist gesunken.
Wohin, wohin? – Es sank in Nacht …
Wozu hab' ich so lang' gewacht,
da es doch stets in fremde Tiefen fällt?

Ein Weilchen stand ich diese Nacht
noch unterm weiten Sternenfeld
und dieses hab' ich noch gedacht:
Ist's nicht im Leben so bestellt?
Wie viele Menschen harren
so auf das Glück wie Narren,
da es doch stets sich andern zugesellt! – – –

Der Dichter

„Du bist noch jung und kennst noch nicht das Leben.
Wer gibt Dir diese weisen Worte ein?
Wie wagst Du sie uns selbstbewußt zu geben?!“

Ich bin noch jung. Ich trat noch nie hinein
in eures Lebens strengen, starken Kreis
und nie werd’ ich in eurer Mitte sein!

Das eben macht mich Dichter: Groß und heiß
ist meine Sehnsucht nach dem fernen Treiben,
drum bild’ ich’s mir, wie ich’s zu deuten weiß

und schau es an durch meiner Sehnsucht Scheiben …
Ich weiß, ich werde nie zum Leben taugen!
Doch meine Ahnung heißt mich es beschreiben

mit schwerem Herz’ und träumerischen Augen …

Der Dichter und das Leben

Ich bin voll Ahnung von gar schönen Dingen,
die draußen dort im Leben mich erwarten …
Das Leben ist ein weiter, bunter Garten,
ach, könnte ihn zu sehn mir nur gelingen!

Ich höre singen und ich höre klingen
Und weiß nicht wo … Ach gäb' es Eintrittskarten
zu jenem wunderbaren Lebensgarten,
ich wollt' sie mir um jeden Preis erringen!

Ich gäbe meine Sinne, meine Tiefe,
auf daß man mich nur in den Garten riefe,
ich würd' ja alle meine Gaben geben! – –

„Du Narr, gäbst Dieses Du, was wär' ich Dir?
Bleib' lieber fern und sehne Dich nach mir!"
– Ich höre dich von fern. Wo bist du, Leben?! – –

Gedicht vom Ringen und Vollbringen

Wozu noch wünschen? Gibt es denn ein Ziel,
wo man sich all' des Guten freuen sollte,
das man erwarb, und nicht noch Neues wollte?
Es sind der Kostbarkeiten viel zu viel!

Wir Menschen haben schnelles, heißes Blut
und werden bald des Schönen überdrüssig,
was uns erst lockte, scheint uns überflüssig,
und wir verstoßen es voll Übermut.

Wozu noch kämpfen, um Erfüllung ringen? –
Wenn wir schon oben auf der Höhe sind,
da schwanken wir so wie ein launisch' Kind …

Und dennoch! Macht uns stumpf auch das Gelingen:
O laßt uns nur im Wollen überschäumen –
denn schön ist doch das Ringen und das Träumen!

Kinder, laßt euch alle sagen:

Kinder, laßt euch alle sagen,
(denn mir sagt es mein Instinkt)
wenn ihr einst in euren Tagen
um ein Ziel ohn' Rasten ringt
und mit Zittern und mit Zagen
lange Monde schnell verbringt
und mit Fürchten und mit Fragen,
ob euch schon Erfüllung winkt;

wenn wir Tag' und Nächte träumen
von den süßen, schweren Dingen,
die an unsrer Sehnsucht Bäumen
hängen und im Winde schwingen:
Dieses Hoffen, Hasten, Träumen
ist viel schöner als Gelingen,
als des Glückes Überschäumen
schöner ungewisses Ringen!

Im Schnee

Der Winter kommt ins welke Land …

Der Winter kommt ins welke Land,
hüllt alles ein mit ruhiger Hand;
breitet sein mildes, weißes Kleid
auch über unser Seelenleid.
Und wie die Straße stiller liegt,
wird's stiller auch in unserem Innern:
Da ist nur noch ein leises Erinnern
an altes Sehnen, altes Bangen …
Schmerzen und Tränen, sie sind fast versiegt,
linder wird des Herzens Verlangen …
Der Winter aber deckt sorgsam zu
die wilden Schleusen der Leidenschaft;
wir stürmen nicht mehr mit schäumender Kraft,
wir sind die Ruh' …
Verklärt ist unser Herzeleid:
Wir sitzen in trauten Räumen
und sinnen still, und träumen
von Sommer-Seligkeit …

Winterschlaf

Bald kommt der Winter, und es fällt der Schnee
auf Haus und Gassen rings und auf dein Weh' …

Du aber bist allein und schließt dich ein
in einen trauten, warmen Lieblings-Raum
und bist so müd', so müde, daß du kaum
noch seufzen kannst … Du aber bist allein
in dieser weiten Stille und gar bald
sinkst du auf's weiche Lager und schläfst ein …
Und sinkst noch weiter, tief in manchen Traum
und trinkst dich ungewollt in schwere Räusche …
Dann wachst du auf verstört: Dir ist so kalt,
wie trunken führst du aus des Tags Befehle …
Und schaust derweil' hinaus: Da liegt der Schnee
und dämpft der Straße Laute und Geräusche
und dämpft all' die Revolten deiner Seele …

Und weiße Decke liegt auf deinem Weh' …

Winterenge

Und endlich ist es Winter. Endlich wurde weiß
der Raum um uns, in uns. Nun brauchst Du nicht mehr klagen;
die weiße Schwere mußt Du stumm ertragen
und schaun und lauschen in den stummen Kreis.

Ist milde Sanftheit oder Enge Dir die Ruh'?
Spürst und erträgst Du diese tiefe Kluft?! –
Es schwingt kein Vogelruf, es dringt kein Fliederduft.
Es seufzt der Schnee nur unter Deinem schweren Schuh …

Die Häuser atmen hastig, wie gequält …
Schlitten klingeln, sich anrufend, durch die Einsamkeit …
Du aber kannst schon an den Frühling denken: es ist Zeit.
Ja, denk an ihn! Bald … Bald … (Die Hoffnung stählt.)

Norwegen

In meinen Träumen ist dies ferne Land
weiß, ernst, schweigsam, karg und kühl.
Die Menschen sind nicht herzlos, doch ihr Gefühl
liegt gebändigt hinter weißer Wand,
als hielte es ein Arzt in seiner ruhigen Hand …

Die Menschen gehn allein und in Gedanken,
und ihre Herzen fließen selten über;
etwas hält den Überschwang in Schranken
(vielleicht der Schnee, der setzt sich langsam drüber):
die Freude ist nicht laut, die Trauer ist nicht trüber.

Dort ist nicht Aufruhr und dort fallen
die Menschen nicht vor Menschen auf die Knie.
Sie trotten durch Schnee und Nebel voll Selbstgefallen
und denken an Gott, ihr Land und ihr Vieh,
und staunen und fürchten und schreien nie.

Intermezzo

I.

Die Inbrunst allzu früher Frühlingssonne,
sie rührt den greisen, schwachen Schnee zu Tränen,
und er vergeht vor lauter Weh' und Wonne …
Schon sehn wir da und dort die Erde gähnen,
bald wird sich auf das tränenfeuchte Land
der Frühling legen wie ein grünes Band
und sich breiten und sich freudig dehnen …

II.

Doch Wunder! was geschah? Es fiel heut' Nacht
ein starker Reif auf alle kahlen Bäume;
der Winter hat es sich so ausgedacht,
gar seltsam zu erfüllen unsre Träume:
Die Erde friert, ersehnt zurück ihr Kleid,
indes so weiß in Schmuck und Herrlichkeit,
wie in Blüten, prangen alle Bäume …

Beethoven

Frühling

Merkst du nicht, daß es schon Frühling ist?
Spürst du nicht den feinen Hauch der Luft,
die geschwängert ist von Fliederduft?
Siehst du nicht, wie jeder Baum dich grüßt,
wie er leicht das grüne Haupt bewegt,
drüber sanft ein Wind von Süden streicht? –
Merkst du nicht, wie sich die Liebe regt,
wie sie jedes Menschenherz erweicht?
Wie ganz anders alle Worte klingen,
wie die Menschen alle froher werden,
wie sie heimlich tun mit Herzensdingen
und mit lebhaft-heiteren Gebärden
durch die hellen Straßen sorglos schreiten
und das Haupt nach allen Seiten neigen?
Fühlst du nicht dein eignes Herz sich weiten? –
Horch nur, horch! Das ist des Frühlings Geigen,
jubelnd klingen seine hellen Saiten,
und was lebt, das tanzt den Frühlingsreigen …

Epilog

zu einem ungeschriebenen Gedichtreigen

… Da gab es Tage, wo ich träumend ging
durch eine heitre Welt, die ich nicht kannte,
wo ich nur spähte nach des Glückes Wink …

Da gab es Nächte, wo vor Glut ich brannte
und mich auf feuchten Kissen wälzte lang,
und heiße Worte in das Dunkel sandte …

Doch, ob ich mir das Glück auch nicht errang,
ob unerfüllt die Sehnsucht blieb im Herzen:
Für alle Freuden, alle tiefen Schmerzen
fühlt meine junge Seele tiefsten Dank.

Und immer will ich mich daran erinnern!
Denn alles ist mir wie ein heilig Pfand,
das ich erhielt von einer teuern Hand:
Ich will es hüten treu in meinem Innern!

Trauer

Viel Trauer fällt auf mich herab,
ach, weil ich keine Freunde hab'.
Weil ich ertragen muß die Welt,
all' ihre Engen, ihre Weiten
allein im ersten Aufwärtsschreiten,
und ach, auf mich allein gestellt,
mich ihre S c h ö n h e i t schon zerspellt …

Im Regen

Regen fällt
durch das Sieb der Nacht
sacht auf die Stadt …

Wer in dieser Stunde
schweren Kummer hat,
gehe wie ich hinaus
in den Regen
und weine sich aus …
(Kommt ihm wer entgegen,
wird er es nicht sehen,
weil die Tränen mit den Regentropfen gehen …)

Lied an ein fremdes Mädchen

O fremdes Mädchen, diese Nacht
bist Du in meines Herzens Schacht
hinabgegangen;
und über Dir, da hat sich sacht
die schwere Türe zugemacht.
Nun bist Du drin gefangen.

Du aber hast ins tiefe Reich,
ins stille, einem Engel gleich
viel Licht hinabgeführt:
doch keine Fackel, glutenreich,
nein, mildes Feuer, weiß und weich.
Das hellt und wärmt, von Dir geschürt.

Ach, mein Sehnen …

Ach, mein Sehnen ist vergebens,
denn die Wege Deines Lebens
sind gesondert von den meinen
durch ein großes, goldnes Gitter …
Ach, mir ist so bang und bitter,
und ich möcht' so gerne weinen …

Nun die Tränen sachte rinnen,
fühl' ich Hoffnung neu gewinnen
und ich glaub' mich groß und reich:
Weil ich weinen kann um Deine
Liebe wie ein Kind, Du Feine! –
Ach, mir ist so weh und wohl zugleich …

Gedicht an die Möbel

Wo sind die Zeiten, da mein kleines Herz
in Schmerzen zuckte, wenn ich Abschied nahm
vom heimatlichen Haus? Kein Wort, kein Scherz
vermocht' mich zu besänftgen, nur die Scham.

Und Tränen rannen über meine Wangen
und liefen langsam in den Kindermund;
und wie sie salzig in die Kehle drangen,
ich schluckte sie und schwieg und war ganz wund …

Es rann die Zeit, die Kindesunschuld wich:
nun bin ich groß, nun bin ich bald ein Mann!
O heimatlichen Möbel, haltet mich,
der euch entwächst noch lang' in eurem Bann!

Du Schrank, du Tisch, ihr Stühle und ihr Betten!
O haltet mich, o haltet mein Gefühl,
daß es mich zu euch zieht in fremden Städten!
Bald bin ich Mann und blick' um mich so kühl …

Bald werdet ihr von mir vergessen sein,
ihr, die ihr so viel wart dem weichen Knaben!
Bald werde ich ein fremdes Mädchen frein
Und neue, fremde Möbel um mich haben …

Im Schnellzug

Ich habe nichts geahnt und nichts erwogen:
Gleichgültig schaut' ich in den Streifen Land,
der meinem Auge kam und gleich entschwand,
von unsichtbaren Händen fortgezogen …

Ich habe nichts geahnt und nichts erwogen:
Da tratest Du, von fremder Macht gesandt
zu mir, – und sprachst, als wärst Du mir verwandt,
all' mein Erfühltes aus. – Die Stunden flogen …

Ich habe nichts geahnt und nichts erwogen:
O alles Schöne hat sein schnelles Ende!
Bald reichten wir zum Abschied uns die Hände …

Nun, da Du fort bist, fühl' ich, was geschah,
in meinem Herzen lodern plötzlich Brände …
Ich möcht' Dir etwas sagen, doch Du bist nicht da …

Kurzes Glück

Du bist so gut, ich kann es kaum begreifen! –
Ach, wie ein Regenbogen leuchtest Du
voll Hoffnung auf mein tränennasses Land.

Schon seh' ich alle meine Wünsche reifen,
ach, leuchte, Liebe, leuchte immerzu!
Sieh, wie ich zu Dir staune, glanzgebannt!

Und Licht ist jetzt auf allen meinen Wegen,
die Welt ist mir gefüllt mit Herrlichkeit:
Ach, jetzt kann ich mein Glück getrost ergreifen!

Und siegessicher eil' ich dir entgegen. –
Doch wie ein Regenbogen rückst du weit –
ich bleib' allein und kann es nicht begreifen …

Nach dem Ball

O heißer Taumel durch die kühle Nacht!
O dieses Ballsaals erst getrunkne Pracht!
Noch glühen meine Wangen,
noch atmen meine Kleider fremden Duft,
doch alles ist vergangen,
und aus dem Traume weckt mich kalte Straßenluft …

Zuhaus! – Nun Kleider ab und das durchnäßte Hemd …
Wie lange war ich fort? O alles ist mir fremd!
Wie nüchtern ist dies Zimmer,
wie schwach der Lampe Schimmer! –

Schwer aufs erstaunte Sofa fall' ich nieder.
Müdigkeit rinnt durch meine Glieder ...
Schlafen will ich, um nicht zu weinen:
Wo ist das Meer von Licht und Kleidern weiß? –
Leid und Sehnen strömt zum Herzen heiß,
flüssig Blei rinnt in meinen Beinen …
Und ach, verflogen ist der feine Duft …
O mörderische Kluft!
Die Uhr ruft:
Eins,
zwei,
drei.
Komm' Schlaf, du süßer Freund, umfange mich!
Morgen umfängt mich Jammer bitterlich …

Elegie am Morgen des nächsten Tages

O kannst du jene erst geschauten Fernen
mit klaren Sinnen heute überdenken?
Kannst in Erinnrung du dich so versenken
daß du vermagst dich aus dem Jetzt entfernen?

Kannst du die schönen Dinge aus dem Gestern
gewaltsam reißen und ins Heute stellen,
daß sie den grauen Alltag dir erhellen,
und du nicht brauchst zu zweifeln und zu lästern?

Vermagst du diese Kluft zu überbrücken,
den Raum zu stürzen und die Zeit zu knebeln,
auf daß du dir bewahrst Glück und Entzücken? –

O nein! Noch eine Stunde wie in Nebeln
siehst du das Gestern, – – fühlst des Heute Tücken
dein Hirn erhellen, doch dein Herz benebeln …

Beethoven
ff
p

Sonett

Vorbei auch dieser Tag! Nach seinen Lasten
will ich am Abend zum Klaviere eilen,
und meiner Seelen Wunden sollen heilen,
die ich erlitt im harten Tageshasten …

Da liegen sie erwartungsvoll, die Tasten,
und winken mir zu innigem Verweilen!
Es zittert schon mein Herz, sich mitzuteilen
den Saiten, die schon manche Schmerzen faßten …

Noch eine Weile, bang wie vor Gewittern – –
schon grollt's heran wie dumpfe Donnerwogen,
ich hör' mein Leid in schwere Töne splittern …

Bald heitert sich's. – Die Wolken sind verzogen.
Gereinigt ist mein Herz: Schon seh' ich zittern
der Hoffnung Trugbild bunt: ein Tränenbogen.

Tränen-Tonleiter

Manchmal, wenn mir jemand weh getan,
wenn ein Leid auf meiner Seele lastet,
eil' ich trotzig-zornig zu dem Flügel
und, um meinen Kummer zu vertreiben,
spiel' ich kräftig eine Dur-Tonleiter …
Draußen aber weint der graue Himmel
und die Tropfen klatschen an das Fenster …
Als ich nun den Blick ins Weite richte,
sehe ich die Scheiben voller Tränen,
und des Himmels Gram weckt meinen wieder:
Plötzlich fühl' ich, wie mein Aug' sich feuchtet,
eine Träne, eine zweite, dritte
langsam über meine Wangen gleiten.
Und ich höre, wie die hellen Töne
sich zu einer Moll-Tonleiter fügen …

Warum ich abends ruhig werde

Warum ich abends ruhig werde?
Warum, sobald es Abend wird,
ich frei von jeglicher Beschwerde
aufatme, die mich sonst verwirrt?
Warum sich Alles jetzt entwirrt,
als fiele es von mir zur Erde? –

Das macht die sanfte Abendruhe,
die sich auf Raum und Körper senkt
und meines Herzens tiefe Truhe
mit Wünschen füllt und reicht beschenkt
und alles löst, was mich beengt,
auf daß ich sorglos jedes tue.

Das macht der Lampe mildes Licht,
das nicht in alles grausam dringt,
Geheimnis gibt jedem Gesicht
und Träume meinen Augen bringt;
doch wenn ein Schönes lockend winkt,
ich lächle nur und stürme nicht.

Das macht der Raum mit allen Dingen,
die ruhig stehn, wie in Gedanken,
und manche Tröstung stumm mir bringen …
Der Abend aber stürzt die Schranken
und läßt mich allen Mächten danken
und Tränen, Traum und Tag besingen …

Neue alte Freunde

Ich löschte das Lichte, ich wollte allein
mit meinem großen Leide sein,
daß nicht die Dinge mich sehn und beschämen
und mich hindern, mich zu grämen …

Doch es ward nicht Nacht. Nicht schreckte mich das Hemd,
das ausgezogene, nicht schreckten mich Gespenster.
Nichts ward zum Rätsel. Nichts erschien mir fremd.
Ich trat erstaunt zum Fenster.

Mondlicht fiel herab auf meine Brust,
liebkosend mich wie ein verirrtes Kind.
Da habe ich auf einmal dies gewußt:
Daß mir Vereinsamtem noch Freunde sind.

Ist nicht der Mond Dein Freund? Und nicht die Sterne?
Sieh, ihre Liebe dringt durch alle Ferne.
Und Berg und Baum, und Wolke, Wasser, Wind,
sind sie Dir nicht wie Freunde gut gesinnt?

O lern' es nur, Dich ihnen hinzugeben!
Sie gehen treu mit Dir durchs ganze Leben.

Erlösung

… Auch kommt es vor, daß quälende Gedanken
sich plötzlich auf mich stürzen, mich zu töten,
Gedanken von unheimlich wirrer Schwere,
die nur das Hirn gebiert des Fieberkranken …
Da liege ich in zweifelsschweren Nöten
und habe nicht die Kraft, daß ich mich wehre …
Wie wild gewordner Strom, so drängt das weiter:
Voll grauen Reichtums bricht es alle Schranken,
schwillt an und braust, wird höher, schneller, breiter
und stürmt zerstörend über Weg und Wehre …
So stürzen unaufhaltsam die Gedanken …
Ich aber fühle, wie ich allen Halt
verliere, wie ich langsam tiefwärts sinke
und seh' mein Ideal zu Grabe wanken,
indes ich schon vom grauen Wasser trinke …
– Da plötzlich Licht! Ein Etwas bietet Halt
der teuflischen, verderblichen Gewalt!
Was ist's? – Ein Wort, ein Bild nur, ein Erinnern,
ein Wort wie dieses hier: der Fichtenwald.
Und Helligkeit entsteht in meinem Innern.
Voll Hoffnung klammr' ich mich an dieses Wort,
an dieses Bild. Es flieht der böse Traum. –
Im Geiste klett'r ich auf die Bäume dort
und schwinge mich in unbegrenzten Raum …

Auf der Höhe

Einsam auf hohem Bergesgipfel steh' ich,
Fichtenhäupter lugen zu mir herauf.
Kein Mensch ist sichtbar. Dichte Wälder
träumen zu meinen Füßen, blau im Abend …

Fern ist der Alltag. Denn hier ist nur Weihe.
Nah' ist die Welt. Ich seh' ins weite All.
Und da ich nun die Arme aufwärts hebe,
greif' ich Unendlichkeit, greif' ich den Raum …

Jetzt begreif' ich dich Welt! Ja, jetzt fühl' ich
den Schmerz der sterbenden Sonne, begreife das Feuer,
das sie auf die Erde gießt, als wollte
blutige Spuren sie lassen auf Feld und Fels.
Und ich begreife das Fallen der Dämmerung
rings auf die Berge, die sich furchtsam ducken
wie schwere, träge, unbeholfne Tiere …
Und ich begreife das lautlose Kommen der Sterne,
die ihr Licht von der toten Sonne geerbt …

Fern ist der Alltag. Ich entsinne mich kaum
seiner Unrast, seiner drückenden Schwere.
O welch' tiefe Kluft! Hier bin ich so leicht,
als hätt' ich all' mein Sorgen, all' mein Denken
unten im Tale gelassen. Nur mein Fühlen
ist mit mir. Aus übervollem Herzen
strömt es mächtig in den mächtigen Raum …

Kampf mit der Dunkelheit

Der Lampe lichtes Leben hab' ich ausgehaucht
und bin sogleich in Dunkelheit getaucht.
In die Kissen hab' ich mich eingeschmeichelt
und demütig gewartet, bis mich der Schlaf streichelt …
Der Schlaf, der sanfte süße, aber kam nicht, nein,
und ich blieb mit der Nacht allein.

Blindäugig begann ich Dunkelheit zu trinken
und statt in Schlaf in wache Räusche zu sinken:
Bin ich nicht den Dingen um mich verwandt,
die auch im Dunkeln wehrlos hocken? Und ich wand
mich unter dem Druck der Finsternis, die auf mir lastete,
und ich tastete
und ich griff in sie hinein
voll Angst und Pein …
Doch vergebens! Ich konnte sie nicht zerstören,
wie ein Sklave mußte ich ihr gehören.
Ganz matt war ich vor vergeblichem Ringen:
Tot bist du, sagte ich mir, du gleichst den toten Dingen,
du bist nicht frei. Magst in die Dunkelheit hauen,
du kannst ihr nicht entgehn. – Kein Spiegel kann dich schauen
und dir sagen, daß du Willen und Freiheit hast …
Demütig wie die Dinge ertrage also die Last!

Flucht und Verfolgung

Groteske

Ein Junge, ein sorgloser Junge
pfiff einen Gassenhauer
mit arroganter Zunge.
Vorüber ging ein Bauer.
Dem tat das Liedl nichts zu Leide,
dem tat es nicht Ärger, nicht Ohrenweide.
Er ging gefahrlos und gelassen,
keusch, unberührt, zufrieden seine Gassen.

Doch mich, weil ich mich wehrte,
packte dies Stückl Operette,
folgte mir auf meiner Fährte,
hing sich an mich wie eine Klette.
Und bald – weh' mir und meinen Ohren! –
war es auf meiner Zunge geboren
und schlüpfte durch meine Lippen behend.
Vorüber ging gerad' mein Freund, der Operndirigent …

Tod und Leben

I.

Tod ist Ewigkeit, die uns ermahnt,
daß es Dinge gibt, die nur geahnt
und nicht von uns gedeutet werden;
daß es Dinge gibt, woraus die Gebärden
des Zeitlosen, Fernen hilfelos starren
daß wir hier, denkend, voller Beschwerden
stumm, aufgelöst, zerknirscht wie vor Himmelstoren harren …

II.

Aber was tut's? – Das Leben treibt weiter. –
Und der Leichenwagen und seine Begleiter,
ein schwarzer Knäuel, humpelt vorbei
an summenden Säulen, an Hunde- und Menschengeschrei …
Und der Tod, der dunkle und tiefe, sieht die Saaten,
die hellen und hohlen des Lebens, die er wird ernten,
sieht die bunten, grinsenden Kino-Plakaten,
sieht die Zeichen alles Gelogenen, alles Gelernten …
Starb nicht ein Mensch, stirbt nicht ein Tag, ein erblaßter? –
Aber was tut's? – Das Leben treibt weiter,
(treibt in den Tod). Über das Pflaster
geht das Leben hurtig, hell und heiter …

Zwei Häfen

Lösche das Licht und lege dich schlafen,
schließe die sinnenden Augen zu!
Schlaf: das ist ein gastlicher Hafen,
drinnen du dich verankerst zur Ruh'.
        Aber nach kurzen, nach eiligen Stunden
        läßt du den Hafen, den du gefunden,
        steuerst nun wieder, das Meer zu erkunden …

Manchmal kommst du mit Schätzen beladen
heim von der Fahrt in den schützenden Port,
manchmal leidet dein Segelschiff Schaden …
Aber du segle ins Weite nur fort!
        Denn nach kurzen, nach eiligen Jahren
        wirst du in einen sonderbaren
        tiefen Hafen für immer einfahren …

Bald

Noch leb' ich mein enges Leben klein,
doch schon ahn' ich wunderbare Weiten,
die sich mir ferne vorbereiten …
Bald wird mein Schiff im Strudel sein!

O, es zittert vor Erwartung: Weit
dehnt es seine Segel ungewissen Winden …
Will den Weg zur fernen Insel finden,
wo das Glück gedeiht.

Aufbruch

Es ist nur eine kleine Stadt,
und oft mußtest du sie hassen,
aber willst du sie verlassen,
merkst du, welche Macht sie hat.

Denn die alten Straßen winken:
„Ach, wie oft Du auf uns gingst,
aus dem Winde Wünsche fingst …“
Und schon fühlst du ein Versinken
in Erinnerungen Meer,
und du trinkst …
Plötzlich wird das Herz dir schwer.

Ach, es kriechen Schienenstränge
durch gekrümmter Gassen Enge,
und schon rollt der Zug mit dir hinab.
Und es winken dir im Flug
alte Ecken,
alte Strecken
und ein Garten, der dir Traum und Früchte gab.
Und die alten Glocken fangen an zu klingen
und es weht Geruch von altvertrauten Dingen …
Plötzlich hörst du singen
Sehnsüchte des Knaben, ferne schon …
Willst du sie erfassen, sie verklingen
leise schluchzend und dir bleibt kein Ton …

Nur die Häuser, alt und klein,
wollen dich ein Stück begleiten;
dann allein
geht's hinauf in neue Weiten.

Die Tage der Woche

Ein Gedicht-Kreis

Vorgedicht

Die Tage sind Stufen, ungleich gebaut:
Manche sind rauh wie Felsgestein
manche weich wie Schlaf-Kissen;
manche liegen an Fenstern, durch die die Sonne schaut,
manche sind groß und manche klein,
viele sind ganz aus Hindernissen.
Doch wer nur Alltag kennt, der weiß:
Sie liegen alle in einem Kreis.

Sieben Stufen sind der Woche Tage,
jede hat eine andere Lage.
Über die Stufen gehen viele Leute
und sagen von jeder Stufe: „Heute."

Nicht jedem ist dieselbe Treppe hart,
und nicht jeder harrt
auf die sonnige letzte;
mancher trägt starke Schuh',
viele haben nur zerfetzte.
Manche tragen Lasten und haben keine Ruh'
bis sie auf die letzte
Treppe kommen, dort brechen sie wie gehetzte
Tiere zusammen …

Manche gehen einsam über die Stufen,
andre sind stets beisammen.
Manche rufen
voller Hoffnung die kommenden Tage;
aus mancher Mund rinnt immerfort Klage
in schweren Tropfen und fällt auf die Stufen …

Montag

Der Montag ist ein hoher, rauher Mann
in schmutzigem Gewand.
Er zerrt die Traumtrunkenen schweigend an der Hand.
hinunter auf seine Treppe
und stellt sie an ihrem Werke an.
Die Woche der Arbeit fängt an.
Nun sehe jeder, wie er an seiner Last schleppe
und wie er sich davon befreien kann!

Diese Stufe ist eng und lang
und macht allen bang.
Aber es dringt noch Helle
herüber von der vorigen Schwelle,
und eine schöne Erinnerung
läßt so manchen mit starkem Schwung
in die Welle
der Arbeit springen,
mit dem Meer zu ringen …
Manche aber singen
gestriges Lied noch im Traum …
Und sehen sich plötzlich im engen Raum
und glauben es kaum – –

Dienstag

Über Nacht
sind wir plötzlich im Dienst-Tag erwacht.
Und die meisten gehn mit müden Mienen,
schon verzichtend, um dem Tag zu dienen.
Manche aber sind, die sträuben sich mit Gewalt,
doch der Alltag überwindet sie bald …

Diese Stufe ist so breit,
daß jeder seinen Dienst bequem verrichten kann:
Denn der Sonntag, der Ruheort
liegt noch weit,
und wer weiß wann
und wer weiß wie
man ankommt dort?!
Vielleicht als ganz gebrochner Mann …
Vielleicht nie …

Mittwoch

Zur Mitte ist die Woche um,
freut euch drum!
Bald biegen wir um die schwierige Ecke,
dann tröstet kurze Strecke.
Laßt uns nicht zagen,
spannet eure Kräfte an!
Bald gilt zu tragen
Donnerstages schweren Bann!
Vertreibet die Sorgen!
Noch morgen:
(Noch übermorgen!)
Dann
sind wir geborgen! –

Donnerstag

Abwärts führten die Stufen bis jetzt,
doch jetzt
schlagen wir an an grobem Stein,
und uns fällt ein,
daß wir nun steigen müssen
und kämpfen wie die Schwimmer,
die auf den Flüssen
gegen die Strömung schwimmen sollen
und nicht untergehen wollen …
– Aber von oben dringt schwacher Schimmer …

Furchtbar groß und lang und steil
sind diese Treppensteine,
und nirgends ist ein eisernes Seil
und nirgends eine Leine,
daran man sich halten kann.
Irgendwo biegt die Treppe um:
Graue, rauhe Wand
schlägt an unsere Hand;
doch um die Ecke herum
flutet etwas ins Gesicht:
Licht, Zuversicht!

Freitag

Kürzer scheint dir Frist und Fron,
Ruhe winkt dir schon,
deiner Mühen Lohn.

Und vor Abend zünden die frommen Juden,
die ihre Lasten zu Boden luden,
die Kerzen an;
und ihre Hände und ihre Herzen
haben dann
schon Feiertag.

Doch allen scheint morgen
nur halber Werkeltag,
alle, ja alle, werfen ihre Sorgen
wie eine lästige Fracht
hinunter in die Nacht
und freuen sich auf morgen …
(Manche aber sind jung und dreist
und wissen nicht, was „Schicksal“ heißt
und freuen sich schon auf übermorgen …)

Samstag

Heute sei nicht mehr geklagt:
Der Samstag tagt,
der aus der öden Werktagsreihe
wie eine Trostburg ruhig ragt
und festlich ist und voller Weihe …
Heute sei nicht mehr geklagt:
Heute ist nur halber Tag,
heute ist nur halbe Plag'!
Denn am Nachmittage geht
schon jeder von Erwartung voll,
denkend, wie er feiern soll …
Langsam aber treibt das schwere Rad der Arbeit,
bis es endlich stille steht.
Freiheit war weit,
nun ist sie nah':
Der Sonne Abend und Tag ist da!

Sonntag

Nach ungeduldiger Nacht
bist du früh erwacht;
Rot vor Freude lacht dir der Kalender,
lichte Bänder
wirkt die Sonne in die Diele.
Steh‘ auf und labe dich, du bist am Ziele!

Du trittst hinaus
aus deinem kleinen Haus:
Wie sieht die Welt heut’ anders aus!
Alle Arbeit ruht,
alle Menschen sind gut,
vergessen ist Trauer, Verzweiflung, Wut.
Aus morgenfrüher, würziger Luft
trinkst du Mut
und schlägst eine hohe Brücke über alle Kluft …

Die Glocken klingen über das Land,
jeder darf sie hören,
jeder darf vom Werk aufheben die Hand,
jeder darf sich selbst gehören!
Und am Nachmittag in schönen Büchern lesen
von andrer Leute, andrer Länder Wesen.
Und dann im Buche der Erinnrung blättern
und dort lesen,
was geschrieben steht in großen Lettern,
und sich sagen,
daß es immer so gewesen:
in allen Tagen

Arbeit und Plagen
und dazwischen Ruh' und Rast.
Immer, ja immer war es so.
Doch ertrage willig die tägliche Last!
Sei froh,
daß du noch Tage hast!

Nachwort

Victor Wittner wurde am 1. März 1896 in Herța, einem moldauischen Marktstädtchen mit wechselvoller Geschichte, geboren. Etwa 28 Kilometer südöstlich von Czernowitz gelegen, gehörte Herța (das heutige ukrainische Herza) bis zum Ribbentropp-Molotow-Pakt (1939), der die Annexion des Gebietes durch die UdSSR beschloss, zum rumänischen Staatsgebiet. Sein Vater, Max Wittner, war sowohl in Rumänien als auch in der Bukowina ein bekannter Arzt, der Vorträge hielt und Aufklärungsschriften über Hygiene und Gesundheitsvorsorge veröffentlichte. Seine Mutter, Rachelle, starb 1918, und sein Bruder Herbert lebte viele Jahre im Ausland an unbekanntem Ort.

Victor verbrachte Kindheit und Jugend mit seiner jüdisch-assimilierten Familie in Dorohoi und Suceava. Er absolvierte seine Schulbildung am Griechisch-Orientalischen Gymnasium, dem heutigen Lyzeum Stefan cel Mare in Suceava. Er ging nach Wien und begann dort zunächst ein Studium der Medizin, das er aber nicht abschloss. Im 1. Weltkrieg wurde er als Hilfsarzt eingesetzt, konnte aber schließlich nach Wien zurückkehren, um Musik und Germanistik zu studieren. 1928 entschied er sich, als Angestellter des Ullstein Verlags nach Berlin zu ziehen. 1933 wechselte er seinen Wohnsitz mehrmals zwischen Wien und Zürich. Im Oktober 1938 verließ er Wien – und ließ sich in der Schweiz nieder. Für Victor Wittner sollten zehn Jahre Exil folgen, von denen er fünf Jahre in Flüchtlingslagern in der Schweiz verbrachte. Als Flüchtling publizierte er unter Pseudonymen wie Vivo, M. Busch, Stefan Steil und Dorohoi. Die Beschaffung finanzieller Mittel durch Arbeit oder Banküberweisung war fast unmöglich, so dass die Exilanten auf das Wohlwollen der ansässigen Juden angewiesen waren, die die schwierige Aufgabe übernahmen, ihnen beim Überleben zu helfen. Seine rege Korrespondenz mit Freunden, vor allem aber mit den Herausgebern von

Publikationen während des Krieges und nach Kriegsende, zeigt, wie mühsam es war, den Lebensunterhalt und die medizinische Versorgung zu sichern. 1943 wurde er im Flüchtlingslager Vicosoprano in Graubünden interniert, weil er wegen unerlaubter Veröffentlichungen denunziert worden war. In einigen Quellen wird dieser berufliche Verrat als Ursache für seine Erkrankung und seinen frühen Tod betrachtet. Erst am 7. Mai 1945 wurde er aus dem Flüchtlingslager entlassen und durfte auch in der Schweiz publizieren. Er starb 1949 in Wien, wo seine Freunde auf seinem Grab ein Denkmal von Mario Petrucci errichten ließen.

Victor Wittner debütierte im Umfeld des Expressionismus mit dem Gedichtband *Klüfte / Klagen / Klärungen,* der 1914 beim Sphinx-Verlag in Leipzig erschien. Nur wenige Exemplare dieses Bandes scheinen erhalten zu sein; einige befinden sich in der Deutschen Nationalbibliothek in Leipzig, so auch das von mir identifizierte. Der Gedichtband blieb weitgehend unbemerkt, was sicherlich auch der turbulenten Zeit zuzuschreiben ist, in der er erschien. Aber auch in späteren Jahren, als Wittners Gedichte eine andere Wendung nahmen, ignorierten die Bukowiner Zeitungen anscheinend sein Debüt.

Zwischen 1924 und 1949 bewegte sich die Lyrik des Dichters kontinuierlich im Spektrum der Neuen Sachlichkeit. So war sein zweiter Band unter dem Titel *Sprung auf die Straße* (1924) dem Autokult und der Großstadt gewidmet. Seine darauffolgenden Gedichtbände trugen die Titel *Der Mann zwischen Fenster und Spiegel* (1929) und *Alltag der Augen. Sonette* (1941). Viele unpublizierte Gedichte aus den letzten Lebensjahren von Victor Wittner sind erhalten geblieben, auch wenn sie zu Lebzeiten nicht mehr veröffentlicht werden konnten. Seine Freunde publizierten im Jahr 1956 bislang unveröffentlichte Gedichte unter dem Titel *Das Haarpfand. Gedichte aus dem Nachlass.* Darüber hinaus sind die Manuskripte zahlreicher Gedichte auf maschinengeschriebenen Blättern, in Durchschrift oder handschriftlich erhalten. Die meisten von ihnen sind undatiert; einige tragen Unterschriften mit Pseudonymen, andere sind sorgfältig mit Füllfederhalter oder Bleistift verfasst oder mit Notizen versehen, was davon zeugt, dass der Dichter noch an ihrer Vervollkommnung gearbeitet hat. Erhalten geblieben sind auch ganze Gedichtserien, die aus Zeitungen herausgeschnitten wurden, mitunter ohne Angabe des Erscheinungsdatums oder des Erscheinungsortes. Eine Besonderheit im Nachlass von Victor Wittner stellt ein Konvolut dar, das maschinengeschriebene Blätter enthält und offenbar – in einer noch unvollständigen Fassung – einen Band unter dem Titel *Leichtsinn und Schwermut in Versen* für den Druck vorbereiten sollte. Allerdings ist dieser Band nie erschienen.

Zu den in Archiven und Bibliotheken aufbewahrten Dramen Victor Wittners gehören zwei Komödien, nämlich *Ein Herr Herbst* (1932) und *Drei Tage stumm* (1933), zudem ein Auszug aus einem unvollendeten Stück. Darüber hinaus sind Essays, Erzählungen, Reiseeindrücke, Aphorismen, Artikel und manches mehr erhalten. Sie alle sind wahrscheinlich entweder im Status des Manuskripts verblieben oder wurden in Zeitungen und Zeitschriften veröffentlicht, wo sie von der Akribie und dem Enthusiasmus eines proteischen Schöpfers zeugen.

Victor Wittner habe ich an anderer Stelle bereits einerseits als Journalist und andererseits als Dichter charakterisiert, der das Feld der Poesie schon früh, nämlich im jungen Alter von 18 Jahren, betrat. Für ihn galt es nicht, eine neue Welt zu entdecken, sondern die alte versunkene Welt zu erforschen und ans Tageslicht zu bringen: Die damalige Welt schien der Zerstörung ausgeliefert zu sein, und in dieser Zeit musste er überleben. Deshalb floh er 1914 nach Wien, um ein neues Leben zu beginnen. Vor allem sein erster Band *Klüfte / Klagen / Klärungen* reflektiert die Situation des zerstörerischen Menschen. Diese Thematik korrespondiert unzweifelhaft auch mit seinem zerrissenen Lebensweg und seiner künstlerischen Entwicklung, die darauf ausgerichtet war, von Grund auf eine Orientierung zu finden.

Eine Reihe ausgewählter Gedichte des Debütbandes beschreibt die Natur und die Erwartung des Gewitters, den Abend, der den Himmel bedrängt, den Tag, der die Augen schließt, den tiefen Atem des Hauches der Welt und das Schicksal des Dichters in der Welt der Dinge. Die Thematik ist durchaus expressionistisch in ihrer zwiespältigen Empfindung, die sich einer vagen Katastrophe ausgesetzt sieht. Die Einsamkeit ist das Hauptthema des Bandes, der sich insgesamt der Weltverlorenheit und der Entfremdung des Individuums von der Gesellschaft widmet, was als typisch für den Expressionismus gilt, wie Reiner Ruffing hervorgehoben hat. Im Gedicht „Aufbruch" wird die Einsamkeit verbildlicht durch einen holprigen Weg, der sich durch höher gelegene Orte schlängelt:

> Nur die Häuser, alt und klein,
> wollen dich ein Stück begleiten;
> dann allein
> geht's hinauf in neue Weiten.
>
> (V. 25-28)

Im „Vorgedicht" zum Zyklus „Die Tage der Woche" wird diese Einsamkeit durch das poetische Bild einer Treppe visualisiert: „Manche gehen einsam über die Stufen, / andre sind stets beisammen" (V. 22-23), und in „Kampf mit der Dunkelheit" wird der Schlaf als Strafe und Geschenk zugleich erwartet:

> In die Kissen hab' ich mich eingeschmeichelt
> und demütig gewartet, bis mich der Schlaf streichelt …
>
> (V. 3-4)

Wenn der gemeinsame Segen erwartet wird, nehmen Nacht und Einsamkeit das ganze Bild ein: „und ich blieb mit der Nacht allein." (V. 6) In „Auf der Höhe" klingt die Sehnsucht nach dem Erhabenen an; Berggipfel scheinen für den, der von ihnen träumt, erreichbar zu sein: „Einsam auf hohem Bergesgipfel steh' ich" (V. 1). Aber wer sie erobern will, muss den Preis des Eigensinns zahlen. Man spürt hier die Hybris einer selbstbewussten Jugend und die Spuren eines romantisch-lyrischen Nervenkitzels, der zugleich altmodisch und überraschend neu ist. Die Welt, die der Dichter hier entwirft, ist nicht nur die der hartnäckigen und unerbittlichen Einsamkeit des Ausnahmemenschen, sondern auch eine fast surreale, in der die Entfernung zwischen den Menschen in Regenbogenbögen gemessen wird („Kurzes Glück"), zwischen denen die bunten Bänder der Hoffnung auf ein Wiedersehen flattern: „Doch wie ein Regenbogen rückst Du weit –" (V. 2). Andererseits ist die winterliche Szenerie von „Norwegen", „Winterenge" und „Winterschlaf" bedrückend: „Du aber bist allein [...] und bist so müd', so müde, daß du kaum / noch seufzen kannst" („Winterschlaf", V. 5-6), wobei die Landschaft selbst von der Panik der Einsamkeit kontaminiert wird: „Die Häuser atmen hastig wie gequält ... [...] durch die Einsamkeit" (Winterenge, V. 9-10).

Die vorweggenommene, heraufbeschworene und erwartete Apokalypse zieht sich wie ein roter Faden durch Victor Wittners poetisches Debüt, das auch die Angst vor dem Tod anklingen lässt: Jedes Ende – im Tagesablauf wie in der Natur – erscheint als eine individuelle Apokalypse, kündigt aber zugleich auch einen Neuanfang an. In den Gedichten „Tod und Leben" sowie „Am Abend" werden Tod und Apokalypse als Boten der Ewigkeit betrachtet. In „Am Abend" schließt die Abenddämmerung wie bei einem traditionellen Begräbnisritual sanft die Augen des vergangenen Tages:

Der Abend steigt vom Himmel nieder
und drückt dem Tag die Augen zu …
Der Tag ist tot. – Rings Trauerdunkel

(V. 1-3)

Der Winter in Wittners erstem Band ist noch nicht das, was für die Anhänger der Neuen Sachlichkeit zum Gefühlsfrost werden sollte, zur Versachlichung jener Wesen, die nicht klagen, nicht lachen, nicht weinen, von der Ernst Jünger Anfang der 1930er Jahre in seinem Aufsatz „Über den Schmerz» sprechen sollte. Wir befinden uns mitten im Expressionismus; Leidenschaft und Schmerz sind noch nicht aus dem lyrischen Diskurs verbannt, und die „Minustemperaturen", von denen Jünger spricht, haben in der deutschen Kunst noch nicht Fuß gefasst. Dichter schreien ihr Leid, wie Edvard Munchs Figur in *Der Schrei*, in eine taube und zunehmend gleichgültige Welt.

Das bereits erwähnte „Vorgedicht" zum Zyklus der Wochentage verweist mit dem Motiv des steilen Aufstiegs und der stufigen Treppe auch auf den Lebensweg, der für die einen beschwerlich, für die anderen weniger beschwerlich sein kann:

Nicht jedem ist dieselbe Treppe hart,
und nicht jeder harrt
auf die sonnige letzte;
[…]
Manche tragen Lasten und haben keine Ruh'

(V. 13-18)

Der Band ist expressionistisch in der Dynamik seiner unverstellten und frischen Erfahrung, aber auch in seinem ständigen Pendeln zwischen den beiden Polen von Einheit und Auflösung des Ich, von jugendlichem Überschwang und der Ahnung eines unerbittlichen Schicksals über dem dunklen Abgrund, den die expressionistischen Theoretiker als unheimlich bezeichneten. Dieses Andere schwebt in der Stratosphäre von Victor Wittners Lyrik als ständige Bedrohung und Erinnerung an Sterblichkeit, Fremdheit und Entfremdung. Auch wenn in diesem Band nichts wirklich *kühl* ist, so zeigt sich doch bereits eine Tendenz, das gefährliche Gleichgewicht zwischen den Extremen zu lockern, weshalb Wittner von manchen bereits in diesem ersten Band als Vorläufer der Neuen Sachlichkeit angesehen wird.

Victor Wittners Gedichtband mit dem alliterierenden, vieldeutigen Titel *Klüfte / Klagen / Klärungen* erschien in jenem Jahr, als der 1. Weltkrieg begann. Gesetzt in Frakturschrift, umfasste der Band 62 Seiten und 46 Gedichte, die nicht thematisch gruppiert waren. Die Publikation ging unbemerkt unter, weil sie in dieser unruhigen Zeit erschien, in der sich der Staub und die Schrecknisse der Artilleriegranaten des Krieges über sie legten. So ist es sicher kein Zufall, dass in der Tageszeitung *Czernowitzer Morgenblatt* erst 1928 ein anderer – nämlich der zweite – Gedichtband von Victor Wittner erwähnt wird, in dem vom Schicksal der bukowinischen Dichter die Rede ist, deren Stimmen kaum gehört werden:

Der Gedichtband ist, sehr mit Unrecht, vergriffen und vergessen; er hätte sich ohne Zweifel einen achtungsgebietenden Platz in der deutschen Literatur erobert, wenn nicht der inzwischen ausbrechende Weltkrieg seine Wirkung vollkommen hätte verpassen lassen. (1928, Bd. 11, S. 7)

Anca-Elisabeta Turcu, Februar 2024

Literatur:

Bolbecher, Siglinde; Kaiser, Konstantin: *Lexikon der österreichischen Exilliteratur*. Wien und München: Franz Deuticke Verlagsgesellschaft 2000.

Fulda, Bernhard: *Press and Politics in the Weimar Republic*. New York: Oxford University Press 2009.

Killy, Walther [Begr.]; Kühlmann, Wilhelm [Hrsg.]: *Killy Literaturlexikon – Autoren und Werke des deutschsprachigen Kulturraums*. Berlin: De Gruyter 2012.

Reichmann, Eva: *Victor Wittner, ein deutschsprachiger Dichter aus Rumänien – Zur Forschungslage*. In: *Zeitschrift der Germanisten Rumäniens*, Heft 1–2 (11–12) 1998, hrsg. von der Gesellschaft der Germanisten Rumäniens (GGR), Bukarest: Editura Paideia 1998, S. 191–200.

Ruffing, Reiner: *Deutsche Literaturgeschichte*. Paderborn: Wilhelm Fink Verlag, UTB Basics [2]2019.

Rychlo, Petro [Hrsg.]: *Die verlorene Harfe. Eine Anthologie deutschsprachiger Lyrik aus der Bukowina*. Cernivci (Cernăuți): Zoloti litaury 2002.

Wittner, Victor: *Klüfte / Klagen / Klärungen. Gedichte*. Leipzig: Sphinx-Verlag 1914.

Archive:

Archiv *Liceul Ștefan cel Mare din Suceava*, Fond Nr. 33, Inventar-Nr. 121 (1860-1949), Nationalarchive von Suceava.

Jahresbericht des gr-or. Obergymnasiums in Suceava für die Schuljahre 1860/61 – 1912/13, Jahrbuch 1909/10, 1910/1911, 1912/13, Fond der „Bucovina", Bukowina Bibliothek *I.G.Sbiera*, Suceava.

Literaturarchiv der Österreichischen Nationalbibliothek, Wien, Splitternachlass Victor Wittner: Korrespondenzen von und an Victor Wittner; ein Bühnenmanuskript. – Einzelne Briefe, u.a. von Alfred Polgar. – Szenenfotos von Aufführungen eigener Stücke; Werkmanuskripte, Tagebuch.

Online-Quellen:

Digitales Forum Mittel-und Osteuropa e.V. (DiFMOE): https://www.difmoe.eu/d/ (letzter Zugriff: 12.01.2024)

Boillat, Valérie et al., *Veröffentlichungen der Unabhängigen Expertenkommission Schweiz – Zweiter Weltkrieg: Die Schweiz und die Flüchtlinge zur Zeit des Nationalsozialismus*. Vol. 17. Zürich: Chronos Verlag 2001. https://www.uek.ch/de/publikationen1997-2000/fberd.pdf (letzter Zugriff: 11.01.2024)

Editorische Notiz

Bereits im Jahre 2018 sind zwei Bände von Victor Wittner im Rimbaud Verlag im Rahmen der Reihe „Bukowiner Literaturlandschaft“, begleitet von sorgfältigen Nachworten, neu aufgelegt worden, nämlich sein zweiter, 1924 erschienener Gedichtband unter dem Titel „Sprung auf die Straße“ (LTB 118), sowie sein dritter Band mit dem Titel „Der Mann zwischen Fenster und Spiegel“ (LTB 123), der 1929 erschienen ist. 2021 folgte der Band „Das Haarpfand. Gedichte aus dem Nachlass“ (LTB 126).

Mit der Publikation des vorliegenden Bandes, der das lyrische Debüt des Dichters zugänglich macht, schließt sich eine Lücke. Getreu dem Ansinnen des Rimbaud Verlags, nicht nur einzelne Bücher, sondern die jeweiligen Werkkomplexe wichtiger Autoren zu publizieren, ist es nunmehr möglich, die poetischen Entwicklungslinien im lyrischen Werk Victor Wittners nachzuverfolgen. Anca-Elisabeta Turcu, die die Erstausgabe dieses Bandes aufgespürt und mit einem detailreichen Nachwort versehen hat, gilt unser Dank.

Der Abdruck der Gedichte in dieser Ausgabe entspricht der im Leipziger Sphinx-Verlag 1914 erschienenen Originalausgabe. Eigenheiten in Orthographie, Satzbau und Zeichensetzung wurden dabei beibehalten. Auch die Einteilung in fünf Kapitel entspricht dem Erstdruck, in dem lediglich das zweite und das letzte Kapitel (S.17, 53) mit einer Überschrift beginnen, während dem ersten Kapitel ein auch auf das gesamte Buch zu beziehendes Motto vorangestellt ist und das dritte und vierte Kapitel statt eines Titels lediglich eine kurze Notenschrift auf der Auftaktseite enthalten (S. 25, 39).

Christoph Leisten

Inhalt

Die Tage der Woche. Ein Gedicht-Kreis

Lyrik-Taschenbuch im Rimbaud Verlag

Nr. 110, **Rose Ausländer**: Englischsprachige Gedichte. Zweispr. Ausgabe englisch/deutsch. Ausgewählt und übersetzt von Gerhard Weidmann. Vorwort Helmut Braun. 86 S., brosch., 2016. (978-3-89086-353-5)

Nr. 111, ***Chilenische Lyrik im bewegten 20. Jahrhundert***. Eine Anthologie. Hrsg., Autorenporträts und Übersetzungen von Mario Markus. Vorwort von Gonzalo Rojas. Essay von Johannes Müller-Salo. 148 S., brosch., 2016. (978-3-89086-351-1)

Nr. 112, **Hartwig Mauritz**: wälder kommen auf uns zu. Gedichte. Klappenbrosch., 68 S., Klappenbrosch., 2017. (978-3-89086-350-4)

Nr. 113, **Ria Endres**: nichts überstürzen. Gedichte. Von meinem iPhone gesendet. 144 S., fadengeh. Klappenbrosch., 2017 (978-3-89086-345-0)

Nr. 114, **Georg Drozdowski**: Der Kranz auf das Grab einer Landschaft. Gedichte. Mit einem Nachwort von Angela Lohausen. 34 S., fadengeh. Klappenbrosch, 2021 (Bukowiner Literaturlandschaft Nr. 93) (978-3-89086-374-0)

Nr. 115, **Nelly Sachs**: Teile dich Nacht. Die letzten Gedichte. Hrsg. Margaretha und Bengt Holmqvist. Nachwort Michael Braun. 94 S., brosch., 2018. (978-3-89086-339-9)

Nr. 116, **Cyrus Atabay**: Prosperos Tagebuch. Gedichte. 126 S., Klappenbrosch., 2018. (978-3-89086-334-4)

Nr. 117, **Paul Verlaine**: Gedichte I. Zweisprachige Ausgabe französisch/deutsch. Übersetzt von Frank Stückemann. 500 S., geb., 2018. (978-3-89086-333-7)

Nr. 118, **Victor Wittner**: Sprung auf die Straße. Gedichte. Hrsg. und Nachwort von Armin Eidherr. 86 S., brosch., 2018. (978-3-89086-331-3)

Nr. 119, **SAID**: vom wort zum haus. gedichte. 104 S., Klappenbrosch., 2018. (978-3-89086-327-6)

Nr. 120, **Heinz Piontek**: Gedichte. Ausgew. von Reinhard Kiefer. 104 S., brosch., 2019. (978-3-89086-322-1)

Nr. 121, **Màrius Torres**: Poesies – Gedichte. Ausgewählte Gedichte. Ausgewählt und übersetzt von Àxel Sanjosé. 124 S., Klappenbrosch., 2019. (978-3-89086-306-1)

Nr. 122, **Max Hölzer**: Schlafende Sonnen. Neun Gedichte nebst zwei Briefen. Mit einem Nachwort von Frank Schablewski. Ca. 30 S., brosch., 2020. (978-3-89086-310-8)

Nr. 123, **Victor Wittner**: Der Mann zwischen Fenster und Spiegel. Neue Gedichte. Mit einem Nachwort von Angela Lohausen. 102 S., brosch., 2018. (978-3-89086-316-0)

Nr. 124, **Kubi Wohl**: Granitene Strophen will ich erbauen. Obelisken voll knirschender Wut. Gedichte und Briefe. Erinnerungen von Alfred

Kittner, Klara Wohl, Josef Burg und Vera Hacken. Hrsg. und mit einem Nachwort von Helmut Braun. 11 Abb., 142 S., brosch., 2018. (978-3-89086-315-3)

Nr. 125, **Johann Pitsch**: Unterwegs. Gedichte. Hrsg. und mit einem Nachwort von Helmut Braun (Bukowiner Literaturlandschaft Nr. 94), (ISBN 978-3-89086-362-7)

Nr. 126, **Victor Wittner**: Das Haarpfand. Mit einem Nachwort von Markus Bauer (Bukowiner Literaturlandschaft Nr. 95) (978-3-89086-290-3)

Nr. 127, **Robert Flinker**: Ferne Berge blauer Glanz. Gedichte mit einem Brief von Alfred Kittner und einem Nachwort von Ernst Josef Lauscher. Hrsg. von Adrian Krug (Bukowiner Literaturlandschaft Nr. 98) (978-3-89086-422-8)

Nr. 128, **Paul Verlaine**: Gedichte II. Zweisprachige Ausgabe französisch/deutsch. Übersetzt und mit einem Nachwort von Frank Stückemann. 621 S., geb., 2021. (978-3-89086-320-7)

Nr. 129, **Àxel Sanjosé**: Das fünfte Nichts. Gedichte. Brosch., 2021. (978-3-89086-423-5)

Nr. 130, **Charles Cros**: Das Sandelkästchen / Le Coffret de santal. Gedichte und Prosa, deutsch/französisch. Übersetzt und mit einem Nachwort von Frank Stückelmann. 360 S., geb. mit Leinen u. Fadenheftung, 2022 (978-3-89086-639-0)

Nr. 131, **Jean Arp**: Gedichte. Ausgewählt und übersetzt von Heribert Becker (978-3-89086-614-7)

Nr. 132, **Walt Whitman**: Lebenseiche moosbehangen. Live Oak, with Moss. Zweisprachige Ausgabe deutsch/englisch. Übersetzt und herausgegeben von Heinrich Detering, 71 S., fadengeheftet, broschiert mit Klappen, 2021. (978-3-89086-483-9)

Nr. 133, **Dagmar Nick:** Getaktete Eile. Gedichte. Mit einem Vorwort von Holger Pils und mit Aufsätzen von Reinhard Kiefer und Christoph Leisten. 63 S., fadengeheftet, broschiert mit Klappen, 2021. (978-3-89086-468-6)

Nr. 134, **Reinhard Kiefer:** Sechs Poeme. Gedichte. 52 S., fadengeheftet, broschiert mit Klappen, 2021. (978-3-89086-484-6)

Nr. 135, **Albert von Schirnding:** Letztes Wegstück. Gedichte. Mit einem Nachwort von Christoph Leisten. 63 S., fadengeheftet, broschiert mit Klappen, 2022. (978-3-89086-613-0)

Nr. 136, **Hartwig Mauritz:** die toten schlafen fest. Gedichte. 71 S., broschiert mit Klappen, 2023. (978-3-89086-391-7)

Nr. 137, **Germain Nouveau:** Sonette vom Libanon und andere Gedichte. Übersetzt von Frank Stückemann. Französisch/deutsch, 176 S., broschiert mit Klappen, 2023. (978-3-89086-954-4)

Nr. 138, **Georg Smirnov:** Zurichtungen. Gedichte. Mit einem Nachwort des Autors. 64 S., broschiert mit Klappen, 2024. (978-3-89086-138-8)

Lyrik-Taschenbuch Nr. 139

Hrsg. von Bernhard Albers

Gedruckt mit Unterstützung des
ZukunftsFonds
der Republik Österreich

Rimbaud Verlagsgesellschaft mbH,
Postfach 100144, D-52001 Aachen

Lektorat: Christoph Leisten
Korrektorat: Angela Lohausen
Umschlaggestaltung, Satz, Druck und Bindung:
Liebe, Weilerswist

ISBN 978-3-89086-139-5
www.rimbaud.de